UNE SOLUTION

PARIS. — TYPOGRAPHIE A. HENNUYER, RUE D'ARCET, 7.

UNE SOLUTION

PAR

LE DOCTEUR LOUIS ROCHAT

Concilier.

PARIS
E. DENTU, ÉDITEUR
LIBRAIRE DE LA SOCIÉTÉ DES GENS DE LETTRES
Palais-Royal, Galerie d'Orléans, 13

1874

A SON EXCELLENCE

LE MARÉCHAL DE MAC-MAHON

Soldat éminent, vous êtes devenu par le hasard des circonstances, sans vous y être attendu, sans l'avoir désiré, un homme politique, et chargé d'un des rôles les plus importants que jamais citoyen ait eu à remplir pour le bonheur de son pays.

Il s'agit aujourd'hui pour la France de réaliser enfin chez elle cette démocratie tempérée, qu'elle poursuit, hélas ! au milieu de tant d'épreuves depuis quatre-vingt-cinq ans ; il s'agit pour elle de se constituer d'une manière définitive, de se régénérer, de reprendre sa véritable place au premier rang des nations européennes et de braver impunément tous les dangers de quelque côté qu'ils viennent. Il dépend en grande partie de vous qu'elle accomplisse cette destinée ; son sort est en grande partie entre vos mains.

Cette œuvre suprême de salut public ne saurait être menée à bien par aucun parti isolé ; elle ne peut l'être que par tous les partis réunis, confondant et harmonisant leurs efforts, se complétant et se corrigeant les uns les autres, s'excitant mutuellement par une active et généreuse émulation. Jamais la France n'a eu plus besoin du concours dévoué de tous ses enfants.

Votre rôle, si je le comprends bien, consiste à concilie

assez les partis pour les faire travailler ensemble, sans trop de difficultés, à la reconstitution et à la régénération de notre malheureux pays. Pour les dominer tous, vous avez à tenir entre eux la balance égale. Les quelques pages, que je prends la liberté de vous dédier, ont pour but de vous mettre, par l'organisation d'un *septennat neutre et national*, dans les meilleures conditions pour remplir ce rôle.

Défiez-vous des partis. A côté des qualités spéciales qui distinguent chacun d'eux, ils ont tous des défauts communs, l'amour excessif d'eux-mêmes, la haine des autres, l'esprit d'injustice et d'exclusion. Défiez-vous d'eux; car, dans leur égoïsme forcené, ils ne craindraient pas de vous pousser pour eux à des résistances illégitimes et périlleuses; ils ne craindraient pas de vous perdre pour se sauver. Vos véritables conseillers sont en vous-même; c'est votre droite raison, votre amour du devoir, votre loyauté, vos sentiments de modération, d'équité, de bienveillance.

Veuillez agréer, monsieur le maréchal, l'assurance de ma plus haute estime et de mes profondes sympathies.

Docteur Louis Rochat.

UNE SOLUTION

Dans un travail étendu, que nous publierons bientôt, nous prouvons que la centralisation est la cause prépondérante des maux qui ont affligé la France depuis le commencement de ce siècle, et nous indiquons comment elle pourrait être abolie. Notre système politique et administratif reposant sur la centralisation, celle-ci détruite, il s'écroule. Nous avons donc dû le reconstruire dans son entier, élaborer toute une constitution, qui, pour le dire en passant, s'accommode de la forme républicaine et de la forme monarchique indifféremment.

De cette constitution nous avons détaché ce qui concerne le pouvoir exécutif; c'est la première partie de cette brochure. Dans la seconde, nous exposons les avantages généraux que donnerait l'organisation proposée par nous de ce pouvoir. Dans la troisième, nous montrons comment elle permettrait de résoudre aisément les difficultés que présente notre situation actuelle.

I

Le pouvoir législatif vote les lois et les mesures d'utilité publique. Le pouvoir exécutif a pour mission de faire observer ces lois sur toute l'étendue du territoire et d'y accomplir ces mesures ; en un mot, il administre. Mais, comme le pouvoir législatif, comme tous les autres pouvoirs, comme tous les citoyens, il a le droit d'initiative, le droit de proposer et les lois et les mesures que l'intérêt de la communauté lui paraît réclamer. Ce droit, sur le bon usage duquel repose le développement de la prospérité publique, nul n'est mieux à même que lui de l'exercer. D'abord, il a sur tous les points du pays des agents qui sont pour lui des yeux comme des bras, qui lui signalent les moindres faits sociaux ; il est donc bien placé pour embrasser à tout instant, sous tous ses aspects, l'état de la nation. Ce n'est pas tout ; chargé de faire observer les lois, d'exécuter les mesures, il apprécie aisément les unes et les autres par les résultats qu'elles donnent, reconnaît en quoi elles pèchent, comment elles doivent être complétées ou corrigées.

Constater les besoins du pays, trouver les moyens propres à les satisfaire, formuler ces moyens en propositions législatives, exposer et soutenir ces propositions devant le parlement : voilà donc la seconde attribution du pouvoir exécutif. Nous l'appellerons gouvernementale ; nous appellerons la première administrative.

Ces deux attributions doivent être séparées, ainsi le veut la loi de la division du travail. Elles diffèrent, en effet, profondément par elles-mêmes et par la nature des qualités qu'elles exigent pour leur accomplissement. A l'homme d'Etat la conception, l'esprit d'ensemble ; à l'administrateur, l'exécution et l'esprit de détail. Au premier, il faut une intelligence mesurée sans doute (car sans mesure on ne produit rien de solide et de durable), mais active, énergique, hardie, entreprenante, large, capable d'embrasser et de combiner toutes les parties d'un vaste plan, capable de créer et d'organiser. Au second, il faut le calme de l'esprit et du caractère, la méthode, la régularité, l'amour du travail, l'assiduité, la patience. L'homme d'Etat doit être sans cesse plongé au milieu du mouvement politique ; l'administrateur doit rester complétement en dehors de ce mouvement. Le premier doit être renouvelé assez fréquemment pour être toujours pénétré de l'esprit du pays ; le second doit être renouvelé le moins possible ; à celui-là une certaine amovibilité ; une inamovibilité presque complète à celui-ci.

Ainsi, selon nous, il faut dédoubler le pouvoir exécutif, le diviser en deux éléments : l'un gouvernemental, ce sera le directoire ; l'autre administratif, ce sera le ministère. Comment ces deux éléments devront-ils être organisés ? Voilà ce que nous examinerons tout d'abord.

Le directoire est composé de douze membres et d'un président. Ces membres sont nommés, moitié par le sénat, moitié par la chambre des représentants; pour six ans; renouvelés chaque année par sixième; indéfiniment rééligibles. Tous sont égaux, ont les mêmes attributions, le même pouvoir. Quant au président, il est également élu pour six ans, mais par le sénat et la chambre des représentants réunis. Il n'a pas plus de pouvoir politique que les autres membres, mais il a de plus qu'eux ce que nous appellerons le pouvoir représentationnel. Il représente non pas seulement le directoire, mais tout le pays, devant les gouvernements étrangers et leurs délégués. Il appelle fréquemment autour de lui, dans des réceptions officielles, les principaux membres des divers pouvoirs, il diminue autant que possible les divisions qui les séparent, il les rapproche; il unit et dirige leurs efforts vers le bien du pays. Un grand rôle moral, un rôle de conciliateur et d'harmonisateur lui est ainsi donné. Il jouit en un mot de toutes les attributions extérieures d'un monarque constitutionnel.

Le directoire a sous sa dépendance douze secrétaires d'Etat. Ce sont pour lui des conseillers, car ils prennent part à toutes les discussions, mais sans voter. Ce sont aussi des lieutenants, des aides de camp. Ils assistent les directeurs dans tous leurs travaux; ils rédigent le procès-verbal des séances; font, dans les ouvrages relatifs au gouvernement, des recherches; préparent, sur certaines questions, des rapports substantiels; voyagent pour certaines vérifications qui ne peuvent être bien faites que sur les lieux; au besoin, ils représentent le directoire auprès des commissions parlementaires et concourent à la discussion des projets de loi dans le parlement. En épargnant aux directeurs des travaux relativement secondaires, ils leur permettent de se livrer librement aux études suivies et profondes qu'exige la régénération d'un grand pays. Pour de telles fonctions il faut des hommes de haute capacité : le conseil d'Etat actuel pourrait les fournir.

Auprès du directoire serait placée, pour l'assister sans cesse de ses conseils, une grande commission scientifique. L'homme est un être raisonnable, destiné à apprendre et à se conduire d'après ce qu'il a appris. La science, qui n'est que sa raison éclairée par l'expérience, doit le guider dans tous ses actes. N'a-t-elle pas, depuis cinquante ans, par tant de découvertes merveilleuses, et surtout par l'électricité et la vapeur appliquées à tant d'usages divers, transformé complétement le monde matériel?

Elle apportera dans le monde social et politique les mêmes perfectionnements, il n'en faut pas douter. « La science partout, la science toujours », telle doit être, désormais, la devise de l'humanité.

Cette commission comprendra deux classes de membres, les uns occupés des questions relatives au territoire, les autres des questions relatives à la population, les géotechniciens et les anthropotechniciens ; qu'on nous permette ces deux mots nouveaux, qui nous paraissent nécessaires. Elle aura, dans chaque localité, des délégués chargés de l'étudier sous tous ses aspects, d'y recueillir tous les faits intéressants, d'en dresser une statistique qui sera sans cesse perfectionnée, livrés en un mot à une enquête permanente. Elle aura également, dans les pays étrangers, des délégués qui, sous la protection et avec l'assistance de nos diplomates, y étudieront toutes les institutions qui pourraient être transportées avec avantage chez nous, soit complétement, soit partiellement. Elle dirigera une publication continue, où seront reçus des mémoires vraiment scientifiques, c'est-à-dire solides, méthodiques, nets, précis, sur toutes les parties de l'économie sociale, mémoires qui, quand ils le mériteront, seront récompensés. Cette publication aura, d'ailleurs, cet avantage de permettre aux capacités inconnues de se manifester.

La commission dont il s'agit sera en communication régulière avec tous les corps scientifiques officiels, qui devront lui fournir les informations et même les rapports qu'elle réclamera d'eux. Elle sera également en communication avec tous les corps scientifiques libres. Dans la Société centrale d'agriculture, dans la Société d'encouragement, dans celle des ingénieurs civils, que de lumières, que de bonnes intentions aujourd'hui inemployées !

La commission scientifique centrale réunira toutes les informations qui lui arriveront de ces sources diverses. Elle s'occupera de les contrôler, de les résumer, de les classer, de les tenir toujours à la disposition du directoire. Elle aura à lui fournir deux sortes de renseignements : des faits révélant les besoins du pays ; des vues, c'est-à-dire des moyens pour satisfaire ces besoins.

Le directoire sera ainsi puissant par lui-même ; il ne le sera pas moins par la commission scientifique et les secrétaires qui lui seront adjoints.

L'administration centrale serait naturellement divisée en un certain nombre de ministères. Peut-être devrait-on en créer un qui centraliserait tous les intérêts économiques, l'agriculture, l'industrie, le commerce, les travaux publics, et qui serait appelé ainsi à un rôle considérable. Peut-être le ministère des finances devrait-il être dédoublé. Peut-être le ministère de l'intérieur devrait-il être borné à une correspondance active, suivie avec les préfets, les sous-préfets et les maires ; son rôle, ainsi limité, serait encore bien grand. Une commission mixte, composée par moitié de sénateurs et de députés, nommerait les ministres.

Chaque ministre devrait posséder les qualités naturelles qui font l'administrateur ; il ne serait déplacé qu'en cas de nécessité ; n'aurait à s'occuper que de ses fonctions spéciales et pourrait s'y dévouer tout entier pendant une longue suite d'années. Comme toute la prospérité de son service reposerait sur sa capacité et son zèle, la grande responsabilité morale et matérielle à laquelle il se trouverait soumis lui serait un stimulant énergique.

Il aurait sous sa direction deux, trois auxiliaires chargés, particulièrement, chacun d'une partie du service et dirigeant en cette qualité un certain nombre de bureaux, mais initiés comme lui-même au service dans son ensemble. Il faut qu'en cas de maladie ou d'absence chacun d'eux puisse le remplacer provisoirement, lui succéder ou mettre au courant son successeur. La France manque d'hommes d'Etat et d'administrateurs ; il faut lui en créer et en grand nombre. Dans chaque bureau un chef, et comme sous-chef le plus ancien des employés. En résumé, un ministre, des auxiliaires, un chef de bureau, voilà tout l'état-major de chaque ministère.

Tous les ministres ont auprès d'eux un conseil chargé d'étudier toutes les questions relatives aux intérêts qui leur sont confiés, de donner à ces intérêts tout leur développement. Ce conseil, qui se réunirait à des époques déterminées, comprendrait le ministre, ses auxiliaires, les chefs de bureau, un certain nombre d'employés instruits choisis à cet effet, tout l'état-major administratif, en un mot ; la commission parlementaire placée auprès de chaque ministre et chargée de le contrôler ; enfin certains membres honoraires ; pour l'agriculture et l'industrie des délégués des sociétés d'agriculture et d'encouragement pour le commerce, des délégués des chambres de commerce pour les travaux publics, des délégués de la Société des ingénieurs civils ; pour la guerre, un certain nombre d'officiers élus à cet effet par l'état-major, etc.

Tout citoyen, civil ou militaire, adresserait par lettre à ce conseil toutes les idées qu'il croirait utiles, et au besoin serait appelé pour compléter ses explications. L'initiative, qui appartient à chaque citoyen, trouverait ainsi son organisation. Dans les assemblées populaires d'Athènes, quand l'ordre du jour était épuisé, un héraut disait : « Que tout citoyen qui a quelque chose à proposer d'avantageux pour la république prenne la parole. » Il doit en être de même dans toute démocratie. Il ne faut pas qu'une idée utile à la communauté soit perdue.

Le ministère serait donc ainsi organisé à l'instar du directoire; comme ce dernier, il aurait ses conseillers et ses lieutenants, ses moyens de délibération et d'exécution.

Voici comment fonctionnerait le directoire : dans des réunions qui auraient lieu quatre ou cinq fois par semaine, et qui dureraient trois heures, il entendrait d'abord les membres de la commission scientifique, puis les ministres, quelquefois même leurs agents, qu'il ferait venir successivement. Par le ministre des affaires étrangères il serait mis au courant de tout ce qui se passerait au dehors; par le ministre de l'intérieur, de tout ce qui se passerait au dedans ; il discuterait ensuite soit sur les communications qu'il viendrait de recevoir, soit sur les questions mises à son ordre du jour. En même temps qu'il entendrait régulièrement tous les ministres, il les surveillerait, s'informerait de ce qu'ils font, s'en assurerait par ses propres yeux. Pour rendre son contrôle sur eux plus suivi, plus complet, nous voudrions qu'il fût dans une certaine mesure responsable de leur gestion. Tout corps exécutif qui n'est pas soumis à un contrôle rigoureux se remplit d'abus, comme un champ abandonné à lui-même se couvre de plantes parasites.

Un questionnaire qui comprendrait toutes les questions à discuter et qui grossirait sans cesse, serait dressé. Parmi ces questions le directoire s'en réserverait un certain nombre, partagerait les autres entre le sénat, la chambre des représentants, le corps judiciaire, les pouvoirs locaux, les corps scientifiques officiels ou privés, des commissions particulières nommées à cet effet, etc.

Recueillir tous les faits sociaux, les méditer et les discuter, en induire un plan de conduite, c'est-à-dire soit des lois, soit des mesures : voilà les trois opérations qui constituent surtout le rôle du directoire. L'enquête est la base des deux autres ; aussi n'avons-nous rien négligé pour lui donner toute l'étendue et la solidité désirables. L'homme d'Etat est pour le corps social ce qu'est le médecin pour le corps humain ; nous voulons que le premier procède comme procède le second.

Nous pensons que dans aucun pays le pouvoir exécutif n'aura encore offert une pareille puissance ; et cette puissance n'aurait rien, quant à présent, du moins d'excessif. Il est, pour les individus, deux régimes, entre autres : celui d'entretien et celui de réparation; le premier suffit dans l'état de santé, le second est nécessaire dans l'état de convalescence, après une maladie qui a entraîné de grandes pertes de forces. Ne sommes-nous pas dans un état de convalescence et encore peu avancée ? N'avons-nous pas subi des pertes de forces énormes? Quand plus tard on trouvera qu'il y aura lieu de retrancher quelque chose de la puissance qui aura été donnée provisoirement au corps exécutif, rien ne sera plus facile.

Notre organisation n'entraînerait pas un accroissement de dépense. D'abord les appointements seraient diminués ; en exceptant celui du président du directoire, aucun ne devrait dépasser 30 000 francs, les frais de représentation laissés en dehors. Et puis que de fonctions inutiles, que de doubles emplois seraient supprimés! D'ailleurs, quand on veut régénérer un grand pays, il faut se pénétrer de ce principe, c'est que des économies, faites au préjudice de dépenses nécessaires, sont plus funestes que des prodigalités.

II

L'organisation du pouvoir exécutif proposée par nous présente certains avantages considérables sur lesquels nous croyons devoir insister ;

1° L'aristocratie concentre la puissance publique ; la démocratie la dissémine. La première la divise en un petit nombre de grandes fonctions dont elle autorise d'ailleurs le cumul : la seconde la divise en un grand nombre de fonctions bien moins importantes, dont le cumul est d'ailleurs interdit. Chaque commune moyenne aux Etats-Unis compte jusqu'à vingt magistrats, chargés chacun d'un service spécial. Dans le système démocratique l'ambition est moins excitée ; aucune capacité politique n'est laissée en dehors du pouvoir et ne menace l'ordre par son opposition ; donc pas de grande faction à redouter ; plus d'individus sont satisfaits et mieux attachés au pays ; la connaissance des intérêts publics se répand ; les citoyens se forment, deviennent plus positifs, plus pratiques ; et puis le travail gouvernemental, mieux divisé, est mieux accompli.

Voyez comme notre plan multiplie les hauts fonctionnaires ; douze directeurs, sans parler de leur président ; autant de sous-directeurs ; les ministres et leurs auxiliaires ; les membres de la commission scientifique centrale.

Pour prévenir les divisions qui naissent si souvent entre les hommes politiques au grand détriment du pays, il faut supprimer toute occasion de jalousie entre eux, par conséquent égaliser autant que possible leur position. C'est précisément ce que nous faisons. La position de tous les directeurs est parfaitement égale, et celle des ministres en diffère peu. Grâce au mode de fonctionnement du pouvoir exécutif indiqué par nous, grâce à l'enquête étendue et permanente dont il profiterait sans cesse, de hautes capacités politiques ne tarderaient pas à se former. Au bout de six mois on aurait déjà un bon nombre d'hommes notablement versés dans la connaissance des intérêts généraux.

2° Dans quelques pays constitutionnels, aux Etats-Unis, à Genève, etc., par exemple, le pouvoir exécutif est nommé directement par la nation ; mais presque partout c'est le parlement qui le choisit dans son propre sein. Tantôt alors il l'élit pour un temps déterminé, le renouvelant intégralement ou partiellement, mais sans pouvoir lui retirer la position qu'il lui a donnée avant l'expiration de ce temps. Tantôt au contraire il se réserve la liberté de la lui enlever à tout instant, quand il lui plaît, suivant les modifications que les circonstances apportent dans sa majorité. Le premier système est celui des Etats-Unis et de la plupart des cantons suisses ; le second est celui de l'Angleterre, et à son exemple de presque tous les Etats constitutionnels de l'Europe. Dans le premier, la dépendance du pouvoir exécutif vis-à-vis le législatif est limitée ; dans le second elle est complète, absolue. Ce dernier est condamné par l'expérience comme par le raisonnement, ainsi que nous allons le prouver, et doit être désormais abandonné partout.

Dans toute démocratie bien réglée, les pouvoirs doivent au besoin se contrôler et se limiter les uns les autres. Ainsi il faut qu'un corps exécutif puisse arrêter dans son despotisme un corps législatif emporté par la passion, et opposer à ses résolutions précipitées un veto au moins suspensif. Comment le contiendrait-il s'il lui est complétement soumis? Voilà donc un premier inconvénient et très-grave, mais en voici bien d'autres :

Du moment où un ministère est à tout instant renversable, un ou plusieurs groupes d'hommes associés pour le renverser à leur profit doivent se former. Le contester ce serait méconnaître l'égoïsme de la nature humaine. Et ces hommes devront employer avec activité et persévérance, sans relâche, tous les moyens moraux ou immoraux propres à leurs fins.

Ils travailleront sans cesse à déconsidérer le ministère aux yeux de la chambre et du pays ; ils le contrediront à tout instant sur tout et pour tout, même quand ils seront convaincus qu'il a raison ; ils le calomnieront au besoin. Ils repousseront systématiquement toutes ses propositions, sans excepter celles qu'ils appliqueraient eux-mêmes s'ils étaient au pouvoir, et priveront ainsi plus ou moins longtemps le pays des avantages qu'elles lui auraient procurés. Ils s'occuperont surtout de gagner, et souvent par des moyens peu honorables, par des moyens corrupteurs, certains membres qui le soutiennent. Aux uns ils promettront une place dans le cabinet futur, à d'autres un poste diplomatique, une recette générale, une direction générale, etc. Et les tiers partis et les coalitions, quel rôle ne jouent-ils pas ici ? En résumé des discours qui ne finissent pas et qui roulent presque toujours sur des intérêts personnels, non sur des intérêts nationaux ; des intrigues qui recommencent toujours ; voilà ce régime.

Un homme d'Etat éminent du dernier siècle, lord Bolingbroke, qui connaissait si bien par expérience l'esprit de parti et les maux qu'il entraîne, l'appelait un monstre : le mot n'était pas trop fort. La forme de régime parlementaire dont il s'agit a pour effet nécessaire d'exciter au plus haut degré cet esprit de parti, en lui fournissant des occasions continuelles de s'exercer; elle éteint ainsi tout patriotisme.

Les ministres ne sauraient gérer les importantes affaires qui leur sont confiées. D'abord, ils ne sont pas administrateurs le plus souvent (pour répondre aux éternels discours de l'opposition et déjouer ses manœuvres, il faut des orateurs et des tacticiens parlementaires); ils sont d'ailleurs absorbés par leur rôle à la Chambre ; et puis ils restent en général peu de temps en place; car la mobilité des cabinets est un des traits caractéristiques de ce régime. Ils abandonnent donc leur administration à des commis; or, qu'est-ce que l'administration de commis non contrôlés? l'inertie, la négligence, l'esprit de routine, la haine des réformes, des vexations pour les administrés, des abus de toute sorte. Mais quelles déplorables conséquences ne peut pas entraîner pour un pays la vicieuse gestion de ses grands services publics, de certains services surtout, de celui de la guerre par exemple, sur lequel repose non pas seulement la puissance, mais l'existence de la nation! La France, hélas! ne le sait que trop.

Les ministres ne négligent pas moins les intérêts locaux que leur confie notre centralisation si étendue; et les agents qu'ils envoient sur les lieux les négligent presque autant. Ce sont aussi des hommes politiques, absorbés par leur rôle politique, et d'ailleurs fréquemment déplacés.

Le parlement est sans cesse détourné de sa haute mission par les luttes que les partis se livrent devant lui. Il est souvent surchargé de projets de loi, prêts à être discutés, qu'on ne discute pas, que le pays attend en vain. Depuis soixante ans que le régime constitutionnel est rétabli en France, pas un budget n'a été encore examiné à fond. Sa discussion est systématiquement renvoyée à la fin de la session; et les députés fatigués, impatients de regagner leurs foyers, en votent à la hâte, presque sans examen, les nombreux articles.

Les hommes d'État capables sont peu nombreux sous un pareil régime, les occasions pour se former leur faisant défaut. Ce n'est pas tout : par suite des luttes stériles auxquelles ils se livrent sans cesse les uns contre les autres, ils se trouvent tellement divisés, qu'on ne saurait les réunir dans un même cabinet.

La presse, dont le rôle peut être si important (car elle doit servir à produire toutes les idées nouvelles, à permettre aux capacités inconnues de se manifester, à contribuer à l'éducation du pays) n'est plus qu'un instrument pour les partis et leurs déclamations.

Quant au pays, il est plus ou moins troublé dans son travail par ces luttes de portefeuilles. Au lieu de l'éclairer on l'égare; on l'irrite sans avantage contre le gouvernement. Et puis quel spectacle corrupteur ne lui donne-t-on pas, celui de représentants qu'il a chargés de ses plus importants intérêts, et qui, au lieu de s'occuper de lui, ne s'occupent que d'eux!

Cette forme de gouvernement parlementaire, qui a été imaginée, et est encore suivie par les Anglais, n'a pas eu chez eux d'inconvénients notables. Leur Parlement est divisé en deux grands partis, qui ne se remplacent généralement au pouvoir qu'au bout d'un temps assez long. Une question de cabinet est posée chaque année tout au plus et résolue en une séance. Là ni longs et inutiles discours, ni intrigues.

Mais il n'en a pas été de même chez nous. Cette différence tient en partie à la mobilité du caractère national. Elle tient surtout à la centralisation si développée en France. De cette centralisation résultent les conséquences suivantes : la proie gouvernementale est bien autrement riche et elle excite avec plus de force l'ambition; le ministère et l'opposition disposent l'un et l'autre de moyens corrupteurs plus nombreux, et par conséquent de plus de partisans et de plus d'armes. Quand le ministère tombe, une foule de fonctionnaires publics, administratifs, financiers, judiciaires de tout ordre, disséminés partout, tombent avec lui. La lutte n'existe pas seulement dans le sein de la Chambre, mais sur chacun des points du territoire, et cela, non pas seulement pour la nomination des députés, mais pour celle de conseillers de département, d'arrondissement, de commune, etc.

En résumé, ce vicieux régime parlementaire a pour effet de tenir tous les pouvoirs publics dans un antagonisme et une lutte perpétuels. Si les principaux rouages de nos machines venaient à se contrarier de cette manière, toutes s'arrêteraient. Voilà sans doute une des causes qui ont le plus contribué à entraver la France dans son développement; et cette partie de notre réforme nous paraît avoir une importance capitale.

3° Le système directorial, que nous recommandons pour l'organisation du pouvoir exécutif, l'emporte de beaucoup sur le système présidentiel.

Il donne déjà bien plus de puissance gouvernementale. Quand on songe au nombre, à la diversité, à l'importance des intérêts qui, dans un pays étendu, populeux, riche et surtout centralisé comme la France, sont remis au pouvoir exécutif, on se demande s'il est rationnel de confier ce pouvoir à un seul homme. Il y a entre la tâche dont on le charge et le temps dont il dispose une disproportion énorme, ridicule; c'est vouloir avec la force d'un cheval mettre en mouvement une machine de trente chevaux. Et puis une douzaine d'hommes, qui se complètent et se corrigent les uns les autres, n'approchent-ils pas plus de la perfection qu'un seul? Dans notre système, un pouvoir exécutif, nommé moitié par une chambre progressive, moitié par une chambre modératrice, n'offre-t-il pas la condition la plus désirable pour la réalisation d'un progrès continu et régulier? Le système directorial forme bien plus d'hommes d'État et d'administrateurs. Or les capacités politiques sont un des capitaux les plus précieux d'une société. L'insuffisance de ces capacités est un des maux les plus fâcheux dont souffre aujourd'hui la France.

Le système présidentiel excite forcément d'ardentes ambitions et provoque la formation de factions puissantes, dont la lutte menace sans cesse le pays, non pas seulement dans sa sécurité, mais dans son existence. N'y a-t-il pas d'ailleurs pour une nation une grande imprudence à remettre, pour un long temps, à un seul homme, toutes ses forces, à se livrer tout entière à lui? Quand au bout de quatre ans il aura rempli de ses créatures l'armée de terre et de mer, l'administration, la magistrature, que ne pourra-t-il pas tenter? C'est un coup d'État à son profit, le rétablissement d'une monarchie tombée, etc. Les membres d'un directoire nombreux ne pourraient jamais s'entendre secrètement pour de tels projets.

Mais le vice le plus grave du système présidentiel, c'est que le renouvellement partiel, auquel nous attachons tant d'importance, soit au point de vue de la stabilité, soit au point de vue du progrès, ne saurait lui être appliqué. Par le changement du président on est exposé à un changement brusque et complet de toute la politique intérieure et extérieure. Là où existe une centralisation étendue, tous les fonctionnaires publics, même les plus modestes, peuvent se trouver remplacés sur tous les points du territoire à la fois. Si en même temps existe le suffrage universel, qui a pour caractère la mobilité, on sera bien plus exposé à ces transformations politiques complètes. Supposons que le maréchal Mac-Mahon doive être remplacé dans un an, et que les deux candidats pour sa succession soient MM. Thiers et Gambetta. Lequel devrait l'emporter? Nul ne pourrait le dire. Un pays comme la France, qui a tant besoin de sécurité pour un long avenir, qui est tenu à tant de précautions, entouré qu'il est d'ennemis ardents et redoutables, ne saurait vivre dans une pareille alternative.

Le système présidentiel appliqué à un pays comme la France, n'est pas discutable.

Ce système n'a été d'ailleurs que rarement réalisé. Il y a un président aux États-Unis, mais l'autorité exécutive y est si restreinte, qu'elle ne saurait être divisée. Il n'y a pas de président en Suisse. Les pouvoirs exécutifs, organisés par nos constitutions républicaines du dernier siècle, ont tous été pluripersonnels : sous la Convention, le Comité de salut public ; en l'an III, le Directoire ; après le 18 brumaire, les trois consuls. Il en a été de même de ceux qu'ont organisés nos républiques plus récentes ; après la révolution de Février, le gouvernement provisoire ; puis la commission exécutive nommée par la Constituante avant les journées de juin ; après le 4 septembre, le gouvernement de la défense nationale. Sans doute la constitution de 1848 admettait un président, mais par suite de circonstances toutes particulières. Les républicains, alors en majorité dans la Chambre, mais en faible minorité dans le pays, avaient besoin d'exploiter la popularité que venait d'acquérir un des leurs, le général Cavaignac ; ils ont voté la présidence, parce qu'ils supposaient qu'elle devait lui échoir. Ils voulaient concentrer entre ses mains toute l'autorité exécutive pour l'aider à résister à une chambre dont l'hostilité était probable. En un mot, ils ont admis un président non pour la nation, mais pour eux ; ce n'était de leur part qu'un expédient, et, il faut le dire, des plus habiles.

Et puis, là où la présidence a été établie, elle a presque toujours donné de mauvais résultats. C'est la présidence de la République que se disputèrent à Rome Marius et Sylla, César et Pompée, Octave et Antoine. La présidence de Napoléon Ier et de Napoléon III ont abouti l'une et l'autre à une dictature. Le malheur de notre situation actuelle vient surtout, comme nous allons le montrer, de ce que nous avons adopté le système présidentiel au lieu du système directorial.

III

En février 1871, quand l'Assemblée s'est trouvée réunie à Bordeaux, elle n'a pas tardé à reconnaître qu'elle était divisée en cinq ou six partis, tous également absolus, tous également ambitieux d'envahir chacun à lui seul tout le pouvoir, tous également réfractaires à toute concession. Elle reconnut qu'elle ne pourrait de longtemps constituer un gouvernement définitif ; qu'elle devait se borner à traiter avec son vainqueur, à libérer le territoire, à réorganiser le pays, où une longue série de gouvernements personnels avait nécessairement introduit beaucoup d'abus. Il s'agissait pour elle de laisser de côté les questions politiques, sur lesquelles les partis étaient profondément divisés, pour ne s'occuper que de celles sur lesquelles leur entente était facile (et elles étaient nombreuses) ; il s'agissait de trouver un terrain neutre sur lequel ils pussent travailler ensemble, au salut du pays, fraternellement, la main dans la main, comme on l'a dit.

C'est ainsi que fut conclu le pacte de Bordeaux. Il est des cas où les nations ont à choisir entre plusieurs conduites ; ici il n'y avait qu'une conduite possible ; elle s'imposait pour ainsi dire.

Pour donner à cette idée un corps, pour la réaliser d'une manière rationnelle, il suffisait d'établir un directoire nombreux, comme celui dont nous avons exposé le plan, d'y faire entrer chaque parti, en proportion de son importance numérique dans la Chambre, de créer ainsi un pouvoir exécutif, image exacte du corps législatif. Tous les partis auraient été également satisfaits, sans plainte, sans réclamation possible de la part d'aucun d'eux ; car il est un principe qui force toutes les convictions, devant lequel chacun s'incline, la Justice. Comme les partis se seraient mutuellement neutralisés quant aux questions purement politiques, ils se seraient forcément occupés d'une manière continue des questions neutres, c'est-à-dire de la reconstitution matérielle et morale du pays. Le pacte de Bordeaux aurait été ainsi fidèlement observé ; il n'aurait pas pu ne pas l'être.

Pendant que cette reconstitution de la France se serait opérée, un travail pour l'établissement d'un gouvernement définitif aurait pu se préparer peu à peu, paisiblement. Les deux centres bien unis, auraient formé un noyau de majorité déjà important, qui, doué d'une attraction puissante, se serait grossi peu à peu par le centre gauche dans la gauche, par le centre droit dans la droite. Dans la constitution à formuler, les éléments de la droite auraient stipulé pour les garanties d'ordre, les éléments de la gauche pour les garanties de la liberté. De cette action collective serait sortie, au bout de quelques années, sous la forme républicaine ou monarchique, peu importe, une démocratie sage, bien pondérée, conforme à l'expérience, conforme aux recommandations des publicistes éminents de tous les pays et de tous les temps. Là était la solution définitive.

Malheureusement, au lieu d'adopter, pour l'organisation d'un corps exécutif, le système directorial, on a adopté le système présidentiel ; au lieu de partager équitablement le pouvoir entre les partis, on l'a donné tout entier à un seul homme, avec cette restriction, il est vrai, qu'il ne le posséderait que provisoirement, et sous la dépendance de la Chambre. Cette grave faute devait coûter cher.

Dès que M. Thiers eut vaincu la Commune et libéré le territoire, actes dans lesquels il a déployé une activité et une habileté dignes des plus grands éloges, il n'a plus songé qu'à lui ; il n'a plus songé qu'à rendre son pouvoir, de dépendant indépendant, de provisoire définitif. De là, sa proposition Rivet d'abord, puis son plan d'abandonner la monarchie constitutionnelle, qui avait été le principe de toute sa vie, que quelques mois auparavant il avait recommandée ouvertement, formellement, dans des paroles restées célèbres, pour se rattacher à la République, avec le système présidentiel, bien entendu ; car évidemment il ne veut la République que pour en être le président, parce qu'il se croit, non sans raison, toute chance de le devenir ; la République pour lui, c'est sa présidence ; il n'est pas un républicain de conviction, mais de position.

Au point de vue de son intérêt personnel, rien de plus rationnel sans doute qu'une telle conduite. Que pouvait lui donner la monarchie constitutionnelle ? La présidence du conseil tout au plus, c'est-à-dire un pouvoir limité et surtout précaire, car un caprice du souverain ou de la Chambre pouvait le lui enlever à tout instant. La présidence de la République lui assurait, au contraire, et pendant cinq années, un pouvoir immense, égal à celui que possédait le premier consul, supérieur à celui que possèdent tous les souverains de l'Europe, l'empereur de Russie et le sultan exceptés. Notre centralisation si puissante ne mettait-elle pas dans ses mains toutes les forces sociales ?

Pour réaliser ses plans ambitieux, il s'efforça d'abord de détacher le centre gauche du centre droit, son allié naturel, pour le porter avec lui vers la gauche ; il y réussit. Il ne lui restait plus qu'à obtenir de la Chambre la proclamation d'une République présidentielle ; ce à quoi il travailla activement pendant les mois qui précédèrent le 24 mai.

Ainsi, en se prononçant pour le parti républicain contre les autres partis, il a rompu le pacte de Bordeaux, ce pacte de salut public, ce pacte qui devait être d'autant plus sacré pour lui, qu'il avait contribué plus que tout autre à son adoption et qu'il était spécialement chargé de son maintien. Il a ouvert de nouveau l'arène à ces misérables luttes parlementaires qui ont fait, hélas ! à la France tant de mal, et il a ainsi aggravé des divisions que son premier devoir était de calmer. Il a abandonné ses anciens alliés, et abusé contre eux du pouvoir qu'ils lui avaient confié. Il a renié les principes politiques de sa vie entière.

Grâce à sa position, à ses relations nombreuses parmi les hommes politiques, à ses qualités personnelles, à l'autorité surtout que lui donnaient d'éminents services récemment rendus, il pouvait, avec le temps, bien entendu, créer dans la Chambre une majorité, et, par cette majorité, assurer à la France ce gouvernement démocratique tempéré, objet de tant d'aspirations et de luttes ; il pouvait être le Washington de son pays (quel rôle plus glorieux, plus digne d'envie !) ; il ne l'a pas voulu. Et cela, pour quelques années de pouvoir à un âge avancé. N'est-ce pas triste ?

Les grands citoyens sont ceux qui n'ont qu'un mobile, l'intérêt de leur patrie, qui, au besoin, sacrifient à cet intérêt leur intérêt propre. M. Thiers mérite-t-il bien ce titre, qui lui a été tant de fois prodigué ? Nous le demandons.

Ses anciens alliés, dans l'espoir de le ramener à eux, lui ont fait des concessions considérables ; mais voyant enfin que plus ils lui concédaient, plus il demandait, ils décidèrent, et avec raison, son renversement : de là le 24 mai ; de là, l'idée malheureuse de rétablir une monarchie autocratique et cléricale, que la France repousse formellement ; de là, une politique de combat, que la situation ne justifiait pas (la France n'a-t-elle pas été assez comprimée, bon Dieu !) ; de là, enfin, le septennat, mesure au moins rationnelle, vraiment réclamée par la position particulière du pays.

Ainsi, efforts persévérants de M. Thiers, soutenu par les gauches, pour devenir président de la République ; efforts des droites pour l'en empêcher, telle est, depuis trois ans, la situation. L'ambition d'un homme, mal à propos excitée par une institution vicieuse, l'organisation présidentielle du pouvoir exécutif, voilà ce qui a empêché et empêche la France de se reconstituer et de se régénérer ; voilà ce qui lui a fait perdre un temps considérable, si bien employé par ses adversaires. Tout remède qui ne s'adresserait pas directement à cette cause ne saurait être efficace.

Que faire aujourd'hui ? Revenir au pacte de Bordeaux, si malheureusement rompu par M. Thiers. S'il était indiqué en 1871, il l'est encore bien plus aujourd'hui ; car les partis, par suite des luttes ardentes auxquelles ils se sont livrés, se trouvent plus divisés que jamais ; les chevau-légers se sont séparés de la droite ; le groupe bonapartiste, si peu nombreux il y a quatre ans dans la Chambre, grossit sans cesse. Quant au travail à exécuter, il ne manquerait pas plus qu'en 1871. L'œuvre de notre régénération, qui devrait être accomplie aujourd'hui, est encore presque tout entière à faire. Au bout de quelques mois, lorsque après avoir consulté tous les pouvoirs publics et tous les corps scientifiques, on aura rédigé le questionnaire dont nous avons parlé, on sera étonné du nombre de questions neutres à traiter.

Ce pacte si utile, disons mieux, si nécessaire, il faut le réaliser par la formation ci-dessus indiquée d'un directoire de coalition ; mais les partis ne pourraient plus y être représentés par leurs chefs comme ils auraient pu l'être en 1871. MM. Thiers et de Broglie, MM. d'Audiffret-Pasquier et Rouher ne pourraient que difficilement s'entendre même sous la présidence conciliatrice du maréchal de Mac-Mahon.

Il faut donc que les partis choisissent dans leur sein des hommes modérés, sans antécédents politiques prononcés, et possédant toutes les qualités nécessaires pour les importantes fonctions auxquelles ils seraient appelés, c'est-à-dire l'esprit d'entreprise, l'activité, l'énergie, l'habitude des grandes affaires; des hommes comme M. Pouyer-Quertier, par exemple.

Ce plan adopté, la situation se trouverait complétement changée. M. Thiers n'aurait plus raison de tenir à la République, puisqu'il ne pourrait plus en devenir le président ; et, fût-il directeur, il n'aurait rien à donner. Le centre gauche, qui lui-même n'est surtout républicain que dans l'espoir d'occuper, sous la présidence de M. Thiers, toutes les hautes fonctions, ne tarderait pas, sans doute, à s'unir au centre droit, vers lequel l'appellent toutes ses affinités. Il pourrait être suivi par certains membres de la gauche modérée ; une majorité se formerait peu à peu en dehors des partis extrêmes; on ne négligerait rien d'ailleurs pour les rallier. La fusion de tous les partis en un seul (à quelques exceptions individuelles près) ne nous paraît nullement chimérique. Tous ceux qui acceptent le principe de la souveraineté nationale se mettront, tôt ou tard, d'accord sur son mode d'organisation.

Dans un petit travail, qu'on trouvera plus loin, nous essayons de démontrer que le renouvellement partiel doit être appliqué désormais dans un intérêt de liberté, comme de stabilité, à tous les pouvoirs publics. Nous demandons donc que d'ici à six mois ou un an, par exemple, la chambre actuelle soit renouvelée par quart et qu'elle continue de l'être ainsi, d'année en année, indéfiniment.

Que lui manque-t-il pour remplir le grand rôle que les circonstances lui ont imposé ? Une majorité. Elle pourrait lui être donnée par le premier renouvellement, ce qui dépendrait des membres que le sort en ferait sortir et de ceux que l'élection y ferait entrer ; mais elle lui serait donnée, sans nul doute, par le second.

Si ce mode de réélection lui aurait été utile en toute circonstance, il est pour elle, dans la douloureuse situation où elle se trouve, nécessaire, indispensable. La France est un convalescent échappé à grand'peine, comme par miracle, à une longue et profonde maladie : on ne saurait l'entourer de trop de ménagements et de soins ; un ébranlement excessif la perdrait. Cet ébranlement funeste, une dissolution intégrale pourrait le produire. Employer un moyen hasardeux, périlleux même au premier chef, quand on a sous la main un moyen à la fois doux et sûr, serait-ce rationnel ? La Chambre aurait acquis en tout cas un avantage considérable ; elle pourrait travailler librement ; elle ne serait plus troublée par des intrigues, par des questions ministérielles sans cesse renaissantes !

Pendant que la France se reconstituera, elle a besoin d'avoir a sa tête un homme éminent, qui maintienne l'ordre d'une main ferme, et qui, en même temps, apaise, coalise, réconcilie, dans une certaine mesure au moins, les nombreux partis qui la divisent.

Nul n'est plus propre que le maréchal de Mac-Mahon à remplir ce double rôle. Nous sommes donc de ceux qui demandent qu'on lui assure, et sans retard, la haute position que la Chambre lui a solennellement promise. Mais il faut aussi et sans retard assurer au pays le gouvernement définitif qu'il réclame. Il n'attend pas seulement, lui, depuis un an, il attend depuis quatre ans, on pourrait dire depuis près d'un siècle. Ce n'est pas tout. Il faut que l'organisation des pouvoirs définitifs du pays et celle des pouvoirs provisoires du maréchal s'harmonisent, et pour cela, qu'elles soient faites ensemble. La seconde doit être, pour ainsi dire, renfermée dans la première. C'est ce que notre plan permettrait aisément de réaliser.

Le maréchal aurait d'abord tous les pouvoirs ordinaires d'un président de directoire, puis certains pouvoirs extraordinaires qui finiraient avec son septennat ; d'abord, le commandement de toutes les forces militaires, et par suite, la nomination des ministres de la guerre et de la marine ; puis certaines prérogatives secondaires propres à ajouter à son prestige, le droit de grâce, par exemple, etc. Il jouirait ainsi d'une autorité supérieure à celle de tous les monarques constitutionnels.

Pour la défendre, il n'aurait pas besoin d'autres pouvoirs que ceux que nous lui donnons : car qui pourrait la menacer ? Il n'aurait pas besoin d'un droit de dissolution ; avec le renouvellement partiel, qui est une dissolution annuelle et régulière, une dissolution extraordinaire devient inutile. Il serait nécessairement neutre entre les partis, car, voulût-il ne pas l'être, il ne le pourrait. Il se trouverait dans le directoire au milieu d'hommes modérés avec lesquels il lui serait facile de s'entendre.

En résumé, sa position serait puissante, élevée, sûre, douce et en outre glorieuse, car elle lui permettrait de rendre au pays le plus grand service qui puisse lui être rendu.

Quant à la France, elle verrait commencée enfin sa reconstitution politique, car le pouvoir exécutif serait entièrement organisé ; le pouvoir législatif le serait déjà en partie, puisqu'il serait convenu qu'on renouvellerait partiellement tous les ans chacune de ses moitiés et qu'il nommerait le directoire et le ministère ; on ne tarderait pas à compléter son organisation. On s'occuperait ensuite des autres pouvoirs. L'édifice constitutionnel s'élèverait ainsi, peu à peu, mais sans lenteur, étage par étage.

Quelques mots sur le *septennat droitier*, c'est-à-dire combiné par la droite pour la droite. Il repose essentiellement sur l'organisation d'un sénat aristocratique, où la droite s'assurerait de hautes positions politiques, en dehors des choix populaires. Nous le repoussons formellement. Il viole le principe fondamental de la démocratie, à savoir : que la nation est seule souveraine et que tous les pouvoirs doivent émaner d'elle. Il dénature un des premiers pouvoirs de l'Etat, le sénat, le met hors d'état de remplir ses importantes fonctions ; car, pour qu'un sénat puisse au besoin, d'une manière rationnelle et efficace, contenir une chambre de représentants entièrement nommée par la nation, il faut qu'il ait été lui-même entièrement nommé par la nation. Au lieu d'organiser l'harmonie des deux chambres, il organise leur antagonisme.

Ce n'est pas tout, il met le maréchal dans une position difficile, dangereuse peut-être. Il lui donne, en effet, dans le sénat un moyen de résistance ; c'est apparemment pour qu'il s'en serve ; et un homme de sa décision et de son énergie peut se trouver entraîné à s'en servir. Mais si la chambre des représentants, se prévalant de ce qu'elle a été nommée par la nation et de ce que ni le maréchal ni le sénat n'ont été élus par elle, refuse de céder, qu'arrivera-t-il ? C'est ainsi qu'a commencé la révolution d'Angleterre; on sait comment elle a fini.

Il est une fraction importante du parti conservateur qu'on peut appeler aristocratique : elle prétend qu'on ne saurait contenir les excès populaires que par l'établissement d'une aristocratie. Elle est dans la plus complète des erreurs. Elle provoque les révolutions par les moyens mêmes qu'elle emploie pour les prévenir, comme le prouve l'histoire entière. Ce qui l'attache si fortement à cette erreur, c'est son intérêt. Voulez-vous maintenir sûrement la stabilité, l'ordre, ne sortez pas de l'égalité. La paix, c'est la justice ; l'injustice, c'est la guerre. La démocratie absolue et la démocratie tempérée, à laquelle nous appartenons, peuvent différer sur certains points, mais elles doivent s'unir étroitement sur celui-ci : exclusion complète de toute aristocratie sous quelque forme que ce soit.

Pour s'assurer si notre plan de coalition des divers partis qui composent la Chambre serait réalisable, il faudrait que des hommes modérés, choisis par chacun d'eux, se réunissent d'abord en une commission purement officieuse, purement privée. C'est seulement en cas d'accord qu'une proposition formelle devrait être faite, à ce sujet, à la Chambre.

En résumé, notre solution générale comprend quatre éléments en partie séparables, c'est-à-dire pouvant être étudiés, discutés, adoptés indépendamment les uns des autres :

1° Organisation définitive du pouvoir exécutif sous forme directoriale ;

2° Retour au pacte de Bordeaux et dans ce but organisation, provisoire au moins, d'un directoire de coalition;

3° Nomination du maréchal de Mac-Mahon comme président du directoire pendant six ans, avec les pouvoirs ordinaires de ce président, de plus avec certains pouvoirs extraordinaires, qui devront finir avec son septennat ;

4° Renouvellement partiel de la Chambre actuelle, comme de tous les autres pouvoirs, non pas seulement pour le présent, mais pour l'avenir, indéfiniment.

APPENDICE

DU RENOUVELLEMENT PARTIEL DES POUVOIRS PUBLICS.

Les sociétés humaines, comme les individus humains, ne doivent pas seulement se conserver, mais se perfectionner sans cesse ; le progrès, voilà leur loi. Il faut que ce progrès soit continu, mais sans précipitation comme sans lenteur, régulier en un mot. Des innovations fréquentes, mais ni trop considérables ni surtout trop brusques. Rien de trop, rien de trop vite, comme le disait la sagesse antique.

Le renouvellement partiel des pouvoirs publics par tiers, par quart, par cinquième, par sixième, paraît propre à assurer un progrès de ce genre ; car il donne à la fois, et dans une juste mesure, la mobilité et la stabilité : la mobilité, par l'introduction fréquente d'éléments nouveaux; la stabilité, par la conservation d'éléments anciens. Grâce à lui, les pouvoirs publics sont permanents, éternels et en même temps toujours jeunes, un sang frais et riche leur étant sans cesse transfusé.

Le renouvellement partiel fournit au peuple une occasion annuelle d'exercer sa souveraineté, de s'initier toujours davantage à la vie publique, d'en contracter l'habitude et le goût, d'acquérir cet esprit civique, qualité fondamentale des nations libres, qualité qui remplace tout et que rien ne remplace. S'il permet au peuple de manifester fréquemment sa volonté, il ne lui permet jamais de l'imposer d'une manière absolue, brusque et violente. On ne voit plus de ces assemblées parlementaires, sorties tout entières et tout à coup d'un corps électoral passionné, plus passionnées encore elles-mêmes, venir se poser en dominatrices, renverser tout ce qui s'oppose à leurs vues, improviser à la hâte des organisations politiques complètes, châteaux de cartes que renverse le moindre souffle. Ces crises soudaines et parfois terribles, qui sont le fléau de la démocratie primitive, se trouvent complétement prévenues.

Les électeurs reconnaissent-ils que, dans le corps politique à renouveler partiellement, tels éléments, telles spécialités dominent trop, ils y introduisent, dans une judicieuse proportion, d'autres éléments, d'autres spécialités ; et ainsi peu à peu le corrigent, lui donnent plus d'équilibre, plus d'harmonie. Ce n'est pas tout. Un parti éclairé, quand il a à réélire par fraction un corps politique dans lequel il compte déjà une majorité considérable, ne craint pas d'y faire entrer quelques membres éminents de la minorité, plus encore par intérêt que par patriotisme ; car ils contribuent à le conserver en l'éclairant, en le retenant, en lui signalant les écueils contre lesquels il pourrait se perdre. Nouvelle condition qui concourt encore au perfectionnement de l'ensemble.

Entre les membres qui arrivent et ceux qui restent s'établit un heureux travail de transformation mutuelle. Les premiers réveillent et excitent les seconds, par lesquels ils sont à leur tour modérés et retenus : les premiers apportent les tendances progressives, réformatrices ; les seconds fournissent l'expérience, les vues pratiques. L'esprit d'innovation et l'esprit de conservation s'associent pour se féconder l'un l'autre. Mais le plus grand avantage que présente le renouvellement partiel, c'est la possibilité, comme dans les gouvernements aristocratiques, d'arrêter, quant à ses parties principales du moins, tout un système politique, et d'en poursuivre l'exécution d'une manière ininterrompue et persévérante à travers tous les événements. On a donc ainsi le principal avantage des aristocraties sans aucun de leurs inconvénients.

A tous ces points de vue, le renouvellement partiel des pouvoirs publics nous semble le plus grand progrès que la science constitutionnelle ait réalisé depuis 1688, époque où ses principes fondamentaux ont été fixés par l'Angleterre ; et suivant nous, son usage doit être désormais généralisé ; il doit être désormais appliqué dans tous les pays et à tous les pouvoirs quels qu'ils soient, centraux ou locaux, délibératifs ou exécutifs, exécutifs surtout.

Son origine, comme celle de tant de grandes choses, se perd dans la nuit des temps. On sait qu'en Angleterre existaient déjà, depuis le moyen âge, une foule de petites sociétés locales, paroisses ou communes, se gouvernant elles-mêmes. Quelques-unes étaient soumises à la démocratie directe, comme les cantons de la Suisse primitive, c'est-à-dire que tous les membres participaient à la délibération et à la gestion des affaires communes. Mais la plupart étaient soumises à la démocratie représentative. Dans quelques-unes de ces dernières le renouvellement partiel aurait été établi. Mais c'est seulement sur la fin du siècle dernier, aux Etats-Unis, qu'il a été appliqué ouvertement, formellement à un grand pouvoir. La chambre des représentants, dans le gouvernement fédéral, est élue pour deux ans et intégralement réélue ; le sénat est nommé pour six ans et renommé par tiers tous les deux ans. C'est là certainement une des causes de la prépondérance politique de cette moitié du parlement.

Chose singulière ! dans les trois premières assemblées de notre révolution, la Constituante, la Législative, et la Convention, où tant d'hommes éminents ont agité tant de questions, celle du mode d'élection dont il s'agit n'a pas été posée par eux ; non-seulement ils n'en appréciaient pas toute l'importance, toute la fécondité, ils ne le connaissaient même pas. Quant aux fondateurs du gouvernement de l'an III, ces démocrates si instruits, si sages, si purs, si élevés, ils en firent l'application la plus large qui en eût été faite jusque-là et qui en ait été faite depuis. Les deux conseils législatifs, celui des Anciens et celui des Cinq-Cents, étaient partiellement renouvelés ; mais le pouvoir exécutif lui-même l'était aussi. Le Directoire, composé de cinq membres et choisi par les deux chambres, était réélu par cinquième tous les ans. D'après la charte de Louis XVIII la chambre était renouvelée par cinquième tous les ans. C'est seulement en 1824 que le renouvellement intégral a été rétabli par le parti réactionnaire, au grand mécontentement des amis de la liberté.

Dans la constitution belge, qui peut être regardée comme un modèle pour l'organisation d'une démocratie monarchique, les deux chambres et tous les pouvoirs locaux sont soumis au mode d'élection dont il s'agit ; il n'en est malheureusement pas de même pour le pouvoir exécutif. Dans les autres constitutions européennes, nous trouverions bien d'autres exemples à l'appui de notre thèse, mais ceux que nous avons cités suffisent. Toutefois de notre temps le principe que nous soutenons n'a encore été complétement réalisé nulle part. Il sera un jour réalisé complétement partout, nous n'en doutons pas.

Paris. — Typographie A. Hennuyer, rue d'Arcet, 7.

www.ingramcontent.com/pod-product-compliance
Ingram Content Group UK Ltd.
Pitfield, Milton Keynes, MK11 3LW, UK
UKHW020406250726
13967UKWH00006B/2490